Jindra Čapek

LONDON

für Kinder

bohem press

Komm mit!

H.SAMUEL
H.SAMUEL

Piccadilly
Circus
FOSTERS
coke
TDK

1 Piccadilly Circus
2 Trafalgar Square
3 National Gallery
4 St Paul's Cathedral
5 Buckingham Palace
6 Westminster
9
1
3
2
5
6
12

4
7
8
10
River Thames
7 Tower of London
8 Tower Bridge
9 British Museum
10 Museum Tate Modern
11 Madame Tussaud's
12 Battersea Power Station

Riesige Reklametafeln leuchten und blinken, um dich herum sausen Autos und Busse. Du bist in London und zwar am **Piccadilly Circus**. Hier ist alles in Bewegung.

St Paul's

Diese riesengroße Kirchenkuppel gehört zur **St Paul's Cathedral**. Nur der Petersdom in Rom besitzt eine noch größere. Du kannst in der Kuppel nach oben steigen. Versuche, die Treppenstufen zu zählen. Es sind über 600! Wenn du oben angekommen bist, hast du eine wunderschöne Aussicht.

Am **Trafalgar Square** ist immer Betrieb; über 500 Busse fahren hier stündlich vorbei. Du siehst Straßenkünstler und sehr viele Fußgänger. Die Bewohner Londons sind am liebsten im Freien. An Neujahr baden sie sogar in diesen Brunnen.

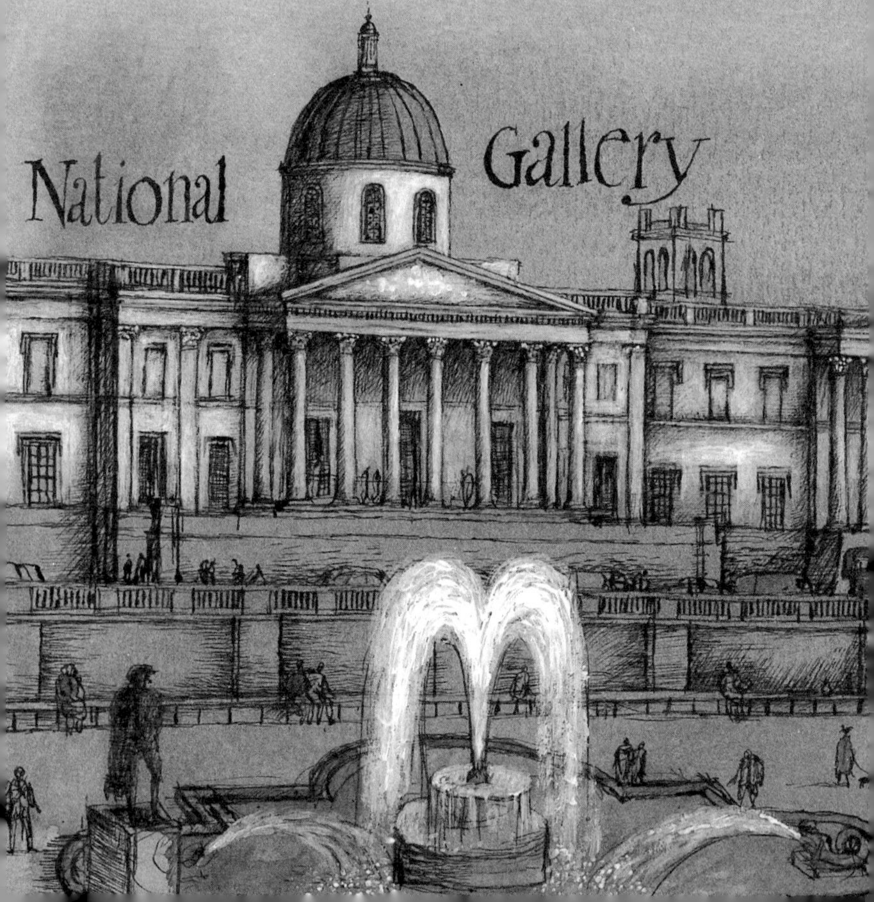

Nur ein paar Schritte weiter ist es viel ruhiger. Du kommst in die **National Gallery.**

Trafalgar Square

Mehr als 2000 Gemälde sind ausgestellt. Eines hast du vielleicht schon mal gesehen: Die Sonnenblumen von Vincent van Gogh!

Cathedral

Bestimmt wird dir die «Whispering Gallery» gefallen, die «Flüstergalerie». Auch wenn du ganz leise sprichst, kann dich jeder in der Kuppel laut und deutlich hören.

the Foot

Die Wächter des Palastes sehen alle gleich aus in ihrer roten Uniform und mit ihren riesigen Mützen. Sie stehen stundenlang unbeweglich vor dem Palast. Auch wenn du vor ihnen herumtanzt, reagieren sie nicht.

Im **Buckingham Palace** wohnt die Königin von England. Wenn sie daheim ist, flattert auf dem

Dach der Union Jack. So nennt man die englische Flagge.

uards Irish

Aber jeden Morgen pünktlich um 11.30 Uhr beginnt der berühmte Wachtwechsel mit großen Fanfarenstößen. So etwas kannst du sonst nirgends auf der Welt sehen.

In London gibt es besonders viele Taxis und über 9000 knallrote Doppeldeckerbusse. Eine Fahrt lohnt sich. Du musst zuerst beim Fahrer

Der Palast mit Blick auf die Themse ist **Westminister**, früher wohnten hier die Könige, heute ist er Tagungsort des englischen Parlaments.

Sicher erkennst du **Big Ben** mit der riesigen Uhr. Sie soll die genaueste Uhr der Welt sein. Seit 1859 ist sie nur dreimal stehen geblieben.

Jede Viertelstunde ertönt ein Glockenspiel von Händel.

AMAZING
Oxford Cross Whitehall
Westminster Elephant
Camberwell Peckham
ECKHAM
12

bezahlen und dann setzt du dich am besten ins obere Stockwerk. Von dort kannst du viel besser sehen, was draußen geschieht.

Im 19. Jahrhundert fuhren viele Handelsschiffe die Themse hinauf, voll beladen mit Gewürzen und Stoffen aus aller Welt.

Schon von weitem erkennst du ein weiteres Symbol Londons: die **Tower Bridge** mit den zwei hohen Türmen.

Dieses alte Kraftwerk funktioniert schon lange nicht mehr. Man hat es nicht abgerissen, sondern restauriert.

So kannst du sehen, wie man vor über siebzig Jahren Fabriken gebaut hat.

ersea
ver
ion

Tower Bridge

Black&White

British Museum

Hast du schon einmal etwas von Hieroglyphen gehört? Das sind die alten ägyptischen Schriftzeichen. Lange wusste man nicht, was sie heißen. Erst mit Hilfe des Steins von Rosetta schaffte man es, sie zu entziffern.

Eine weiteres Kraftwerk wurde restauriert und in ein Museum umgebaut: **Tate Modern.**
Das Gebäude ist ganz aus Ziegelsteinen, Glas und Stahl.
Innen kannst du eine der weltweit größten Sammlungen moderner Kunst bewundern.

Tate Modern

Diesen Stein und viele andere Kostbarkeiten findest du im **British Museum**.

Die Kronjuwelen. Gold und Silber, Rubine, Smaragde, Saphire und andere Edelsteine glitzern und funkeln. Du darfst ganz nahe an sie herangehen, berühren kannst du sie aber nicht. Sie liegen nämlich alle hinter Panzerglas.

Im **Tower of London** leben sechs Raben, die alle einen eigenen Namen haben. Man sagt, dass es in England keine Könige mehr geben wird, wenn sie verschwinden. Deshalb werden sie regelmäßig von den Wächtern des Tower gefüttert.

Die Wächter haben aber noch eine andere wichtige Aufgabe. Sie bewachen einen Schatz...

Eines der sichersten Alarmsysteme der Welt bewacht die Schmuckstücke. Wenn eines fehlt, ist es nicht gestohlen worden, sondern wird gerade von der Königin getragen.

the Imperial Crown

Zu guter Letzt möchten wir uns ganz einfach amüsieren und besuchen Madame Tussaud's Wachsfigurenkabinett. Du kannst hier nicht nur Heinrich den VIII. treffen, sondern vielleicht auch deinen Lieblingssänger oder eine Schauspielerin, die du besonders magst. Reden kannst du aber nicht mit ihnen. Sie sehen alle sehr echt aus, sind aber aus Wachs.

Mit dem Schiff fahren wir die Themse hinunter nach **Greenwich**, Einmal war dieser Ort das «Zentrum der Welt». Schiffe aus vielen Ländern legten hier an. Auch heute noch ist Greenwich ein Zentrum, allerdings nur ein astronomisches: der Nullmeridian, mit welchem wir die Stunden unseres Planeten messen, führt ganz genau hier durch.

Ganz Greenwich erinnert an die Seefahrerzeiten: im Nautischen Museum kannst du Modelle der alten Schiffe bewundern.

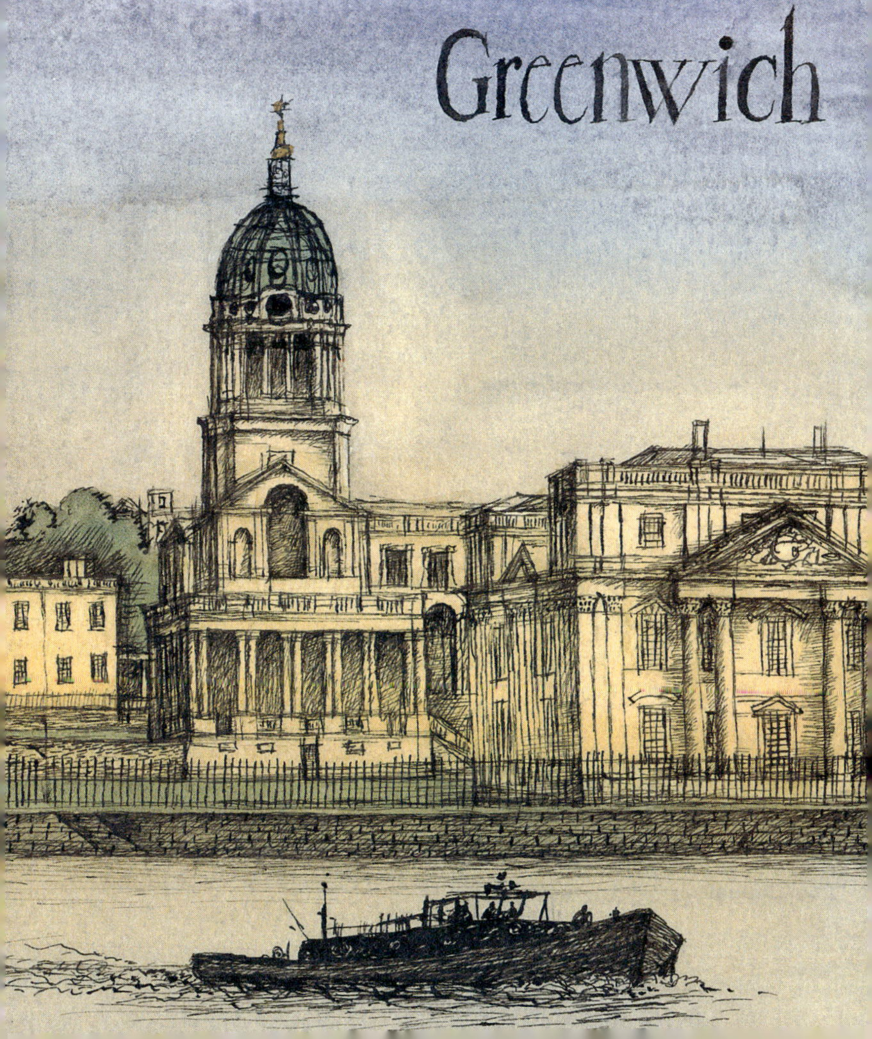

Madame Tussaud's

LONDON FÜR KINDER

MUSEEN

Wissenschaftliches Museum
(Museum of Science)
Exhibition Road, SW7
U-Bahn: South Kensington
Kinder jeden Alters lernen die Welt der Wissenschaft und Technik kennen.
Im Museum befindet sich auch das IMAX-Kino mit 450 Sitzplätzen.

Naturhistorisches Museum
(Natural History Museum)
Cromwell Road
U-Bahn: South Kensington
Unglaubliche Fülle von Informationen über die Umwelt. Dinosaurierskelett im Eingang, interaktive Galerien, darunter die «Earth Galleries», in welcher Erdbeben oder Vulkanausbrüche simuliert werden.

Museum der Kindheit (Bethnal Green Museum of Childhood)
Cambridge Hearth Road, E2
U-Bahn: Bethnal Green
Spielzeugausstellung;. Puppenhäuser aus der viktorianischen Zeit, Zeremoniepuppen aus Japan, Spielzeugeisenbahnen, Autos usw.

Spielzeug- und Modellmuseum
(London Toy & Model Museum)
21-23 Craven Hill, W2
U-Bahn: Lancaster Road
Eine der schönsten Spielzeugsammlungen Europas Puppen, Puppenhäuser, Teddybären, Maschinen.

Britisches Museum
(British Museum)
Great Russell Street, WC1
U-Bahn: Tottenham Court Road
Mumien, ägyptische Sarkophage und viele andere Funde aus alten Zivilisationen. Eine der größten Attraktionen für Jung und Alt.

Wachsmuseum von Madame Tussaud (Madame Tussaud's)
Marylebone Road, N1
U-Bahn: Baker Street
Weltberühmtes Wachsfigurenkabinett mit angeschlossenem Planetarium.

Kerker von London
(London Dungeon)
Tooley Street, WC2
U-Bahn: London Bridge
Leicht gruselig, macht trotzdem Spaß.

UNTERHALTUNG

Theatermuseum
(The Theatre Museum)
Tavistock Street, WC2
U-Bahn: Covent Garden
In verschiedenen «Workshops» können sich Kinder jeden Tag mit der Welt des Theaters vertraut